BEI GRIN MACHT SICH IHR WISSEN BEZAHLT

Lebensphase und Anlageentscheidung. Absicherung durch Finanzderivate - Sachwerte

GRIN

Bibliografische Information der Deutschen Nationalbibliothek:

Die Deutsche Nationalbibliothek verzeichnet diese Publikation in der Deutschen Nationalbibliografie; detaillierte bibliografische Daten sind im Internet über http://dnb.d-nb.de abrufbar.

ISBN: 9783346984869
Dieses Buch ist auch als E-Book erhältlich.

© GRIN Publishing GmbH
Trappentreustraße 1
80339 München

Druck und Bindung: Books on Demand GmbH, Norderstedt Germany
Gedruckt auf säurefreiem Papier aus verantwortungsvollen Quellen

Das Buch bei GRIN: https://www.grin.com/document/1431893

Einsendeaufgabe

Geldanlage und Versicherungen
Alternative B

abgegeben am 17. November 2018 über den online
Campus der SRH Riedlingen.

Abkürzungsverzeichnis

zzgl.	zuzüglich
z. B.	zum Beispiel
u. a.	unter anderem
p. a.	pro Jahr
ggf.	gegebenenfalls
EUR	Euro
KfW	Kreditanstalt für Wiederaufbau
ETC	Exchange-traded Commodities
ETF	Exchange-traded Funds
BaFin	Bundesanstalt für Finanzdienstleistungen
DAX	Deutscher Aktienindex

Inhaltsverzeichnis

1. Teilaufgabe B1: Ausprägungen von Sachwertanlagen

Anleger können in der heutigen Zeit viele Möglichkeiten der Geldanlage nutzen. Die Anlageziele sind dabei unterschiedlicher Natur. Innerhalb der privaten Vermögensanlage spricht man von den Zielen Rentabilität, Sicherheit, Liquidität und ethische Verantwortbarkeit, die Teil des Zielsystems sind.[1] Im Gegensatz zu Geldwertanlagen (z. B. Tagesgelder, Termineinlagen oder Spareinlagen), welche eine Geldforderung darstellen, beteiligt sich der Anleger bei einer Sachwertanlage an einer Sache. Im Folgenden werden die wichtigsten Sachwertanlagen vorgestellt und deren Einordnung in das Zielsystem von Finanzanlagen erläutert.[2]

1.1 Aktien

Aktien sind Wertpapiere, die dem Käufer ein Miteigentum an einem Unternehmen verschaffen. Dabei erlangt der Aktionär eine Beteiligungsquote in der Höhe des Nennwertes seiner Aktien im Verhältnis zum Eigenkapital der Aktiengesellschaft. Er beteiligt sich also unmittelbar am Grundkapital des Unternehmens.[3] Aktien unterscheide sich in Nennbetragsaktien und Stückaktien. Nennbetragsaktien müssen in Deutschland mindestens den Gegenwert eines Euros vorweisen, auch höhere Beträge sind zulässig, sie müssen jedoch immer auf einen vollen Euro lauten. Stückaktien haben keinen Nennbetrag, denn sie zeigen den Anteil am Grundkapital, welcher sich durch die Anzahl der Aktien bestimmt. Alle Stückaktien sind somit gleich am Grundkapital beteiligt.[4]
Der Aktionär nimmt an der Entwicklung des Unternehmensergebnisses teil, also an dessen Gewinnen als auch an dessen Verlusten, ohne dabei selbst verantwortlich zu sein. Der Aktienpreis verändert sich ständig je nach Angebot und Nachfrage und entspricht somit nicht dem Nennwert. Dabei schlägt der Aktienkurs nach oben, wenn der Markt die Zukunft des Unternehmens als positiv bewertet und nach unten, wenn er der Unternehmenszukunft negativ

[1] Vgl. Schempf (2016), S. 9
[2] Vgl. Puls (1997), S. 36
[3] Vgl. Dommermuth, Hauer & Nobis (2012), S. 16
[4] Vgl. Grill & Perczynski (2015), S. 247

entgegensieht.[5] Aktien verschaffen dem Aktionär diverse Rechte, so hat er das Recht auf eine Beteiligung am Gewinn, der sogenannten Dividende. Die Dividende wird aus dem Bilanzgewinn des Unternehmens ausbezahlt und zwar im Verhältnis der Anteile zum Grundkapital[6], sie ist jedoch nicht garantiert.[7] Die Höhe der Dividende hängt vom Geschäftserfolg ab und kann daher Schwankungen unterliegen, da der Erfolg u. a. von der Konjunktur abhängig ist. Aufgrund eines schlechten Geschäftsjahres kann es zu Dividendenkürzungen bis hin zur kompletten Streichung der Dividende kommen. Es gibt auch Fälle, in denen auf eine Dividendenausschüttung verzichtet wird, um in das Unternehmenswachstum zu reinvestieren.[8] Ein weiteres Recht des Aktionärs ist die Teilnahme an der jährlichen Hauptversammlung. Hierbei kann er, im Falle von Stammaktien, sein Stimmrecht ausüben und direkt bei wichtigen Unternehmensentscheidungen mitwirken. Dazu zählen u. a. die Bestellung von Aufsichtsratsmitgliedern, die Verwendung des Bilanzgewinns, die Entlassung der Vorstandsmitglieder oder Kapitalbeschaffungsmaßnahmen. Jedem Aktionär steht außerdem ein Auskunftsrecht durch den Vorstand zu. Weitere Rechte sind das Bezugsrecht bei Kapitalerhöhungen und Anteile am Liquidationserlös bei Auflösung der Gesellschaft.[9] Neben der Unterscheidung zwischen Stück- und Nennbetragsaktien unterscheiden sich diese außerdem in Stamm- und Vorzugsaktien. Stammaktien geben dem Aktionär, wie bereits erwähnt, ein Stimmrecht bei der Hauptversammlung. Vorzugsaktien hingegen verzichten auf dieses Stimmrecht und bieten dafür andere Vorteile. So gibt es Vorzugsaktien, welche dem Aktionär einen Dividendenvorteil geben, sodass er im Falle einer Gewinnausschüttung den Stammaktionären bevorzugt wird oder aber eine höhere Dividende erhält.[10] Es gibt viele Gründe in Aktien zu investieren, darunter das profitieren von deren Kursschwankungen, Inflationsschutz des Vermögens, die Gewinnausschüttungen oder aber auch das Mitbestimmungsrecht.[11] Daneben sollten jedoch auch die Risiken einer Aktienanlage berücksichtigt werden. Da Aktionäre bei einer Investition in Aktien Eigenkapital in das

---

[5] Vgl. Dommermuth, Hauer & Nobis (2012), S. 16
[6] Vgl. Grill & Perczynski (2015), S. 248
[7] Vgl. Dommermuth, Hauer & Nobis (2012), S. 17
[8] Vgl. Scherbaum (2015), S. 78
[9] Vgl. Grill & Perczynski (2015), S. 248
[10] Vgl. Grill & Perczynski (2015), S. 249
[11] Vgl. Grill & Perczynski (2015), S. 251

Unternehmen geben, besteht ein unternehmerisches Risiko. Verändert sich die wirtschaftliche Lage des Unternehmens bis hin zur Insolvenz, so kann der Aktionär sein gesamtes eingesetztes Kapital verlieren. Eine negative Entwicklung des Aktienkurses definiert sich als Kursrisiko, dieses kann durch das allgemeine Marktrisiko, also einer allgemein Rückläufigen Marktentwicklung, oder durch unternehmensspezifische Kursrisiken, wie der negativen Unternehmensergebnisentwicklung, entstehen. Für die Aktionäre, die besonders an der Ausschüttung von Dividenden interessiert sind, besteht ein Dividendenrisiko, also die Gefahr der Kürzung oder des Ausfallens der Dividende.[12] Ob Aktien steigen oder fallen entscheiden grundsätzlich die Marktteilnehmer, welche durch rationale und objektive wie auch irrationale und massenpsychologische Überlegungen Kaufen oder Verkaufen möchten. Diese Verhaltensweisen sind nicht vorhersehbar und machen Kursprognosen nahezu unmöglich.[13] Mit Aktien lässt sich schnell viel Geld verdienen aber auch schnell viel Geld verlieren. Um das Risiko zu minimieren, kann eine langfristige Geldanlage helfen. Eine Investition vor 25 Jahren in internationale Aktien, hätte eine durchschnittliche Rendite von 6,5 % p. a. eingefahren.[14] Unter steuerlichen Gesichtspunkten gab es im letzten Jahrzehnt diverse Änderungen. In Bezug auf Privatanleger bedeutet dies, dass die Steuerfreiheit von vor dem 01.01.2009 erloschen ist und lediglich Altbestände, die vor dem genannten Datum gekauft wurden, nach wie vor steuerfrei veräußert werden können.[15] Für alle Aktien die nach dem genannten Datum erworben wurden, gilt eine pauschale Besteuerung von 25% (zzgl. 5,5% Solidaritätszuschlag, jedoch ungeachtet der eventuell anfallenden Kirchensteuer und ggf. Quellensteuer bei Dividenden von ausländischen Kapitalgesellschaften[16]) der Dividende[17] sowie des Veräußerungsgewinns.[18] Es gibt lediglich einen sogenannten Sparer-Pauschbetrag, der für Alleinstehende bei 801 EUR p. a. und für Verheiratete bei 1602 EUR p. a. liegt. Dieser Betrag ist steuerfrei, alle darüber liegenden Gewinne müssen versteuert werden.[19]

[12] Vgl. Grill & Perczynski (2015), S. 255
[13] Vgl. Grill & Perzcynski (2015), S. 255-256
[14] Vgl. Dommermuth, Hauer & Nobis (2012), S. 20
[15] Vgl. Reich (2013), S. 5
[16] Vgl. Reich (2013), S. 4
[17] Vgl. Reich (2013), S. 2
[18] Vgl. Reich (2013), S. 5-7
[19] Vgl. Reich (2013), S. 3

Im Hinblick auf das Zielsystem von Finanzanlagen, können Aktien somit dem Anlageziel Rentabilität und Liquidität zugeordnet werden, da sie jederzeit fungibel sind. Das Anlageziel Sicherheit lässt sich im Zusammenhang mit Aktien durch eine langfristige Haltedauer und eine breite Streuung in verschiedene Länder und Branchen erhöhen, jedoch rechnet sich diese breite Streuung nur für Vermögende Kunden, aufgrund der damit verbundenen Kosten pro Transaktion.[20] Ethische Gesichtspunkte kann der Käufer berücksichtigen, indem er in Unternehmen investiert die seinen ethischen Ansprüchen gerecht werden.

1.2   Immobilien

Immobilien sind unbewegliche Sachen. Der Kern für Privatanleger stellen Eigentumswohnungen, Einfamilienhäuser und Mehrfamilienhäuser dar.[21]
Eine Immobilieninvestition kann sowohl für die Eigennutzung als auch für die Vermietung, also als Ertragsquelle, genutzt werden. Selbstnutzer sehen das Eigenheim oft als sichere Geldanlage und Schritt in die Unabhängigkeit, da sich das Objekt nach den eigenen Wünschen gestalten lässt. Im Jahre 2013 ergab eine Umfrage des Deutschen Sparkassen- und Giroverbands, dass sich die Hälfte der Befragten für ein Eigenheim zum Vermögensaufbau interessieren und etwa ein Viertel für die Vermietung.[22] Immobilien sind aufgrund der steigenden Mietersparnisse Inflationsgeschützt[23] und bieten zudem, langfristig gesehen, durch Mietersparnisse eine regelmäßige Rendite.[24] Bei der Immobilienfinanzierung kann auf diverse staatliche Förderhilfen zurückgegriffen werden. Dazu zählen die Wohnungsbauprämie, Arbeitnehmer-Sparzulage, „Wohn-Riester" und zinsvergünstigte KfW-Darlehen[25], welche in dieser Aufgabe jedoch nicht näher erläutert werden. Im Verhältnis zu anderen Anlageformen erfordern Immobilien sofort einen sehr hohen Geldbetrag, welcher von dem überwiegenden Teil der Gesellschaft über Kredite beschafft werden muss. Der Erwerb ist außerdem mit hohen einmaligen Kosten, wie beispielsweise der

[20] Vgl. Dommermuth, Hauer & Nobis (2012), S. 21
[21] Vgl. Schempf (2016), S. 40
[22] Vgl. Schulze, Stein, Tietgen & Möller (2015), S. 17
[23] Vgl. Dommermuth, Hauer & Nobis, (2012), S. 43
[24] Vgl. Schulze et al. (2015), S. 17
[25] Vgl. Dommermuth, Hauer & Nobis (2012), S. 43-44

Grunderwerbssteuer (3,5%-6,5% je nach Bundesland) und regelmäßigen Kosten wie der jährlichen Grundsteuer verbunden. Daneben ist der Erwerb im Vergleich umständlicher, denn Immobilien können nicht ohne eine notarielle Beurkundung und ohne Eintrag im Grundbuch rechtskräftig erworben werden. Daneben haben Immobilien einen geringen Liquidationsgrad.[26] Ein Wertzuwachs der Immobilie kann nicht fest eingeplant werden[27], denn das und die Veräußerungsfähigkeit des Objektes in Zukunft hängt maßgeblich von der Lage und deren Entwicklung ab.[28] Jedoch ergeben aktuelle Beispielrechnungen, dass nach der vollständigen Tilgung des Kredites, durch die Mietersparnis über einen Zeitraum von 35 Jahren eine durchschnittliche Verzinsung von 2-3% möglich ist, auch unter der Annahme nicht steigender Mieten.[29]

Wird eine Immobilie vermietet, so steht in der Regel nicht nur der Vermögensschutz, sondern auch die Rentabilität im Fokus des Anlegers. Die erzielbaren Renditen liegen jedoch oft unter dem Kapitalmarktzins, wobei Anleger als Ausgleich auf eine Wertsteigerung des Objektes spekulieren.[30] Nicht außer Acht zu lassen ist außerdem der nicht zu versteuernde Wertzuwachs beim Verkauf nach einer Haltedauer von 10 Jahren. Daneben können mögliche Abschreibungen und die Anrechnung der Zinsaufwendungen für das Darlehen als Werbungskosten, das zu versteuernde Einkommen verringern und somit zu einer Steuerersparnis führen.[31] Neben den Mieteinnahmen und der Wertsteigerungsmöglichkeit sollten jedoch auch die Kosten beachtet werden. Mietnebenkosten wie beispielsweise Energiekosten, stiegen seit 1995 um mehr als 100%, die Kaltmieten jedoch nur um 17%.[32]

Im Hinblick auf das Zielsystem von Finanzanlagen, können Immobilien im Bereich Sicherheit und ggfs. im Bereich Rendite eingeordnet werden. Die Thematik der Sicherheit ergibt sich aus der Wertbeständigkeit und dem Mietwegfall, wohingegen die Thematik Rendite eher im Bereich der Vermietung zum Tragen kommt. Die Liquidität spielt bei Immobilien eine eher untergeordnete Rolle, besonders im Falle der Eigennutzung.[33]

---

[26] Vgl. Grill & Perczynski (2015), S. 342
[27] Vgl. Schulze et al. (2015), S. 17
[28] Vgl. Schulze et al. (2015), S. 20-22
[29] Vgl. Schulze et al. (2015), S. 17
[30] Vgl. Grill & Perczynski (2015), S. 343
[31] Vgl. Dommermuth, Hauer & Nobis (2012), S. 45
[32] Vgl. Dommermuth, Hauer & Nobis (2012), S. 46
[33] Vgl. Dommermuth, Hauer & Nobis (2012), S. 48-49

1.3 Gold und Edelmetalle

Gold ist selten und aufgrund seiner Beliebtheit steht er für Wertbeständigkeit. International genießt Gold den Ruf als Sicherheitswährung in Krisenzeiten.[34] Anlagen in Gold und Edelmetalle können sowohl direkt als auch indirekt vorgenommen werden. Eine direkte Anlage erfolgt über den Kauf von Goldbarren[35], Goldmünzen, Goldmedaillen oder Goldschmuck bzw. über den physischen Kauf von anderen Edelmetallen.[36] Eine indirekte Anlage kann durch Aktien von Goldminenbetreibern oder Rohstoffproduzenten erfolgen aber auch durch die Investition in Zertifikate auf einen Index, den Kauf von ETCs oder Investmentfondsanteilen (nähere Erläuterungen dazu unter Punkt 1.4.).[37] Für Anlagen in Gold oder andere Edelmetalle erhält der Anleger in der Regel keine Zinsen, er kann jedoch vom Wertzuwachs des Produktes profitieren. Mit Optionen und Futures kann zudem auf die Preisentwicklung spekuliert werden. Diese Geschäfte sind allerdings hoch spekulativ und eignen sich nicht für Privatanleger,[38] daher wird dies an dieser Stelle auch nicht vertieft.

Rohstoffanalgen eignen sich für Anleger, die das Gesamtrisiko ihres Portfolios durch deren Beimischung senken wollen, als auch für Anleger, die der Anlage in anderen Kategorien nicht trauen. Ebenfalls eignet sie sich für Personen, die physische Sachwerte bevorzugen oder sich spekulativ am Rohstoffmarkt beteiligen möchten. Die Risiken einer Anlage in Gold und Edelmetalle sollten dabei nicht unterschätzt werden. Aufgrund der in US-Dollar gehandelten Währung, sind Währungsrisiken für Anleger einer anderen Währungsregion vorhanden. Der Preis der Anlagen entsteht also nicht nur aus Angebot und Nachfrage des Metalls.[39] Eine weitere Preisbeeinflussung stellen spekulative Finanzinvestoren dar, die den Preistrend zusätzlich verstärken können. Trotz allem zeigt sich auch Gold und andere Edelmetalle inflationsgeschützt. Grundsätzlich wird jedoch eine maximale Anlage von 5-15% des Vermögens in Gold oder andere Edelmetalle empfohlen.[40]

---

[34] Vgl. Dommermuth, Heuer & Nobis (2012), S. 39
[35] Vgl. Grill & Perczynski (2015), S. 345
[36] Vgl. Schempf (2016), S. 41
[37] Vgl. Grill & Perczynski (2015), S. 345
[38] Vgl. Dommermuth, Heuer & Nobis (2012), S. 39
[39] Vgl. Grill & Perczynski (2015), S. 345
[40] Vgl. Dommermuth, Heuer & Nobis (2012), S. 40-41

Im Hinblick auf das Zielsystem von Finanzanlagen können Gold und Edelmetalle in den Bereich Sicherheit und Liquidität eingeordnet werden. Goldmünzen sind dabei sicher fungibler als ein ganzer Barren.

1.4 Investmentfonds

„Nicht alle Eier in einen Korb legen".[41] Dieser Satz bedeutet in der Geldanlage nicht nur in ein Anlageobjekt, sondern in verschiedene zu investieren um eine hohe Diversifikation (breite Streuung) zu erreichen. Das tun Investmentfonds, indem sie in verschiedene Anlagekategorien wie z. B. Aktien oder Immobilien investieren, welche wiederum aus verschiedenen Branchen und Ländern stammen.[42] Investmentfonds werden von Investmentgesellschaften aufgelegt und verwaltet, dabei stellt das verwaltete Guthaben Sondervermögen dar, welches unabhängig vom Risiko der enthaltenen Wertpapiere, vor der Insolvenz der Gesellschaft geschützt ist.[43] Aktienfonds legen überwiegend in Aktien an, Immobilienfonds Kaufen, Vermieten und Verkaufen Immobilien, daneben gibt es noch diverse andere Fondsarten wie Rentenfonds, Mischfonds oder Dachfonds,[44] auf die jedoch im Rahmen der Aufgabenstellung nicht weiter eingegangen wird. Durch Fonds haben Anleger die Möglichkeit auch mit kleinen Beträgen zu investieren und gleichzeitig eine breite Risikostreuung zu erhalten.[45] Zu unterscheiden sind zwei Investmentfondsarten. Es gibt ausschüttende Fonds, die erwirtschaftete Gewinne an die Anleger ausbezahlt, aber auch sogenannte thesaurierende Fonds, die die erwirtschafteten Gewinne für den Anleger reinvestieren.[46] Investmentfonds bieten dem Anleger die Möglichkeit einen Einmalbetrag zu investieren, sowie monatlich über einen Sparplan für kleinere Beträge Anteile zu kaufen. Der Vorteil des monatlichen Sparens nennt sich Cost-Average-Effekt, also Durchschnittskosteneffekt. Die Kursschwankungen werden demnach ausgenutzt, um bei günstigen Preisen mehr Anteile zu erhalten. Im Gegensatz zur Einmalanlage kann so im Prinzip nie zum falschen Zeitpunkt

---

[41] Dommermuth, Heuer & Nobis (2012), S. 49
[42] Vgl. Dommermuth, heuer & Nobis (2012), S. 50
[43] Vgl. Hammer (2017), S. 110
[44] Vgl. Scherbaum (2015), S. 85-87
[45] Vgl. Scherbaum (2015), S. 85
[46] Vgl. Dommermuth, Heuer & Nobis (2012), S. 50-51

investiert werden.[47] Investmentfonds unterliegen der Beaufsichtigung durch die BaFin. Fonds dürfen maximal 10% des Vermögens in eine einzelne Aktie investieren und die acht größten Positionen dürfen höchstens 40% des Vermögens ausmachen.[48] Neben den bereits genannten Vorteilen gibt es auch bei Fonds gewisse Nachteile. Der Erwerb von Fondsanteilen ist mit Kosten verbunden, darunter der Ausgabeaufschlag, die Verwaltungsgebühr, evtl. eine erfolgsabhängige Vergütung und die Abhängigkeit vom Management.[49] Für Kostensensible Anleger bietet sich jedoch auch der Erwerb von passiv gemanagten Investmentfonds, den so genannten ETFs an. Diese bilden einen Index ab[50] und sparen dadurch die Kosten für ein Management, zudem entfällt der Ausgabeaufschlag.[51]

Im Hinblick auf das Zielsystem von Finanzanlagen können Investmentfonds im Bereich der renditeorientierten Ziele eingeordnet werden. Durch ihre stetige Fungibilität sind sie zudem sehr liquide und bieten eine höhere Sicherheit als die Anlage in eine einzelne Aktie.[52]

2. Teilaufgabe B2: Auswirkungen der Lebensphase auf die Anlageentscheidung

Die persönliche Finanzplanung sollte sich immer an dem Lebenszyklus des Anlegers orientieren. Die finanziellen Ziele sollten dabei sowohl das Lebensalter als auch die Lebensumstände berücksichtigen. Es muss eine individuelle Zielerreichungsstrategie erarbeitet werden, welche umgesetzt, überwacht und regelmäßig angepasst werden sollte. Kernbereiche in der Finanzplanung sind die Steuerplanung, Vermögensplanung, Altersvorsorge und Liquidität, welche immer im Ganzen betrachtet werden sollten. Zu einer guten Finanzplanung gehört eine langfristige Strategie.[53]

---

[47] Vgl. Scherbaum (2015), S. 89
[48] Vgl. Pohl (2009), S. 74-75
[49] Vgl. Lindmayer & Dietz (2018), S. 199
[50] Vgl. Lamprecht (2010), S. 5
[51] Vgl Lamprecht (2010), S. 51-54
[52] Vgl. Lindmayer & Dietz (2018), S. 199
[53] Vgl. Schmidt (2016), S. IX

2.1 Die Lebensphasen und Ihre Auswirkungen

Der Lebenszyklusansatz konzentriert sich auf die dynamischen Aspekte der Vermögensanlage und geht davon aus, dass sich im Alter der Bedarf an Vermögensanlageprodukten verändert.[54] Es wird dabei unterstellt, dass die Bedürfnisse der Kunden in den jeweiligen Lebensphasen ähnlich sind, wodurch standardisierte Beratungen möglich sind. Durch eine Vermögensstrukturanalyse der durchschnittlichen Kunden und dem Vergleich von vermögenden Privatkunden, lässt sich der Handlungsbedarf und die Abweichung zur Norm analysieren. Im Private Banking ist der Lebenszyklusansatz nicht zu empfehlen, da er empirisch-induktiv im Massengeschäft entwickelt wurde und sich nach der Nachfrage der Masse richtet. Vermögende Privatkunden präferieren hier oft andere Anlagemöglichkeiten.[55]

Um die Lebensphase genau einschätzen zu können, darf allerdings nicht nur das Alter des Kunden berücksichtigt werden. Zu einer umfassenden Analyse gehören daneben eine vollständige und richtige Bestandsaufnahme des Anlegers. Im Fokus stehen dabei Angaben über Alter, Familienstand, Kinder, die Ansicht bereits vorhandener Anlagen, Einnahmen und Ausgaben sowie die persönlichen Vorstellungen des Kunden in Bezug auf seine Vermögensstrukturierung.[56] Nach der Analyse der erfassten Daten wird ein Sollkonzept erstellt, welches u. a. die Anlageziele des Kunden sowie seine Risikoklassifizierung umfasst.[57] Mögliche Anlageziele können Liquidität, Flexibilität, Wertstabilität aber auch Rendite[58] oder der Erwerb einer Immobilie sein. Die Vorstellungen variieren dabei in jedem Alter. Überwiegt in jungen Jahren die Spekulationsfreude, so ist im mittleren Alter das Streben nach Rendite und im Rentenalter eine hybride Orientierung im Fokus. Gemein haben alle Altersklassen allerdings das Bedürfnis nach Liquidität und Sicherheit.[59] Kunden im Alter von 18 Jahren sind oft noch in der Ausbildung oder im Studium und verfügen meist noch über kein hohes Vermögen. Der Analagehorizont dieser Gruppe ist daher eher kurzfristiger, bis mittelfristiger Natur. Die Anlageentscheidung kann daher aufgrund des finanziellen Volumens

---

[54] Vgl. Wicke (1997), S. 145
[55] Vgl. Wicke, (1997), S. 146
[56] Vgl. Wicke (1997), S. 135-136
[57] Vgl. Schmidt (2016), S. 97
[58] Vgl. Schmidt (2016), S. 102
[59] Vgl. Schmidt (2016), S. 103

beispielsweise auf monatliches Sparen hinauslaufen.[60] Personen im mittleren Alter stehen oft beruflich fest im Leben und haben ein stabiles Einkommen. Das Vermögen ist dabei nicht unbedingt sehr hoch, jedoch besteht ein gewisser Grundstock. In Abhängigkeit von der familiären Situation, also ob Single oder Familie mit Kind, können die Vorstellungen des Vermögensaufbaus stark variieren. Je nach Einkommen und Familiensituation steht die Sicherheit, Altersvorsorge oder der Erwerb eines Eigenheims im Mittelpunkt. Singles tendieren dabei eher dazu einen Teil in Aktien anzulegen, während Familien sicherere Anlagen wie die selbstgenutzte Immobilie bevorzugen. Bei geringeren Einkommen und langfristigem Anlagehorizont bietet sich auch hier monatliches Sparen in Investmentfonds an.[61] Im fortschrittlichen Alter sind die Personen meist beruflich gefestigt und verfügen über höhere Einkommen als in jüngeren Jahren, eventuell haben sich auch entsprechende Vermögenspolster angespart. In der Regel konzentrieren sich Anleger in diesem Alter auf die Altersvorsorge. Je nach Familiensituation benötigt auch diese Anlegerklasse liquide Mittel um beispielsweise die Kinder zu finanzieren. Der Anlagehorizont nimmt ab, umso näher die Rente rückt. Das Vermögen wird in verschiedene Anlageformen gestreut um einen ausgewogenen Rendite- Sicherheitsmix zu erhalten. Der Aktienanteil kann dabei mit zunehmendem Alter abgebaut werden.[62] Pauschale Aussagen auf die Auswirkungen der Lebensphasen lassen sich demzufolge nicht treffen. Es kann jedoch davon ausgegangen werden, dass ein Anleger kaum in Aktien investieren wird, mit dem Wissen in drei bis fünf Jahren ein Haus bauen zu wollen. Auch wird ein Anleger ohne Einkommen keine Immobilie finanzieren können. Grundsätzlich richtet sich die Anlageentscheidung nach den persönlichen Zielen und Wünschen, gekoppelt an die finanziellen Möglichkeiten.

2.2   1. Beispiel eines Finanzanlagekonzeptes einer Privatperson

Im Folgenden wird ein fiktives Beispiel eines Anlegers beschrieben, zu dem anschließend ein Finanzanlagekonzept erstellt und erläutert wird.

---

[60] Vgl. Pohl (2009), S. 20-21
[61] Vgl. Pohl (2009), S. 21-22
[62] Vgl. Pohl (2009), S. 22

Ausgangslage

Peter ist 24 Jahre alt, ledig und hat gerade sein Studium erfolgreich beendet. Seitdem arbeitet er fest angestellt als Ingenieur für ein kleines Ingenieursbüro. Neben seinem Einkommen von 2300,- EUR netto verfügt Peter über Tagesgeldeinlagen von 20.000,- EUR. Laut seinen Kontoauszügen belaufen sich seine derzeitigen Gesamtausgaben auf 1300,- EUR im Monat. Peter strebt die finanzielle Unabhängigkeit an und möchte flexibel bleiben.

Vorschlag eines Finanzanlagekonzept

Für Peter eignet sich eine chancenorientierte Geldanlage. Da ihm die Rendite sehr wichtig ist und er einen sehr langfristigen Anlagehorizont hat, sollte er überwiegend in Aktien investieren. Dazu könnte er beispielsweise 15.000,- EUR investieren und 5.000,-EUR als eiserne Reserve „für alle Fälle" liquide auf dem Tagesgeldkonto belassen. Die 15.000,-EUR könnten durch eine Investition in Aktien als Renditetreiber erfolgen, bevorzugt sollte bei diesem Anlagebetrag die Anlage in Aktienfonds erfolgen um eine möglichst breite Diversifikation zu erreichen. Um einen schlechten Einstiegspunkt zu vermeiden, sollte dieser Betrag jedoch nicht einmalig, sondern monatlich in mindestens zwei verschiedene Fonds eingezahlt werden. Es bietet sich beispielsweise ein ETF auf den Index MSCI World und ein ETF auf den MSCI Emerging Markets an. Die Aufteilung sollte hier bei 75/25 liegen, um den größten Teil des Geldes im breit gestreuten weltweit (außer Emerging Markets) investierenden MSCI World (1.600 Aktien aus 23 Industrieländern) zu halten, aber gleichzeitig mit einem Teil des Geldes in den volatilen MSCI Emerging Markets der wichtigsten Schwellenländer einzusteigen, um an deren Aufschwung zu partizipieren und die Renditechancen zu erhöhen. Die Einnahmen- und Ausgabenrechnung ergibt einen Überschuss von 1000,-EUR monatlich, mit diesem Betrag könnte Peter jeden Monat weiter investieren und mit steigendem Vermögen sein Portfolio weiter ausbauen und weitere Branchenfixierte oder Länderfixierte Fonds hinzumischen. Im Hinblick auf die Altersvorsorge bzw. Einkommensausfälle bieten sich zudem der Abschluss einer Berufsunfähigkeitsversicherung an, welche in jungen Jahren mit deutlich günstigeren Konditionen zu erhalten ist. Aus steuerlichen Gesichtspunkten könnte Peter eine zusätzliche Anlage in einen steuerlich begünstigten Fondssparplan in Betracht ziehen, um von der 12/62

Regel zu profitieren, sodass er bei Renteneintritt nur die Hälfte seiner erwirtschafteten Erträge versteuern muss. Damit wäre der Anlagewunsch von Rendite und Flexibilität unter Berücksichtigung des jungen Alters und der Einkommenssituation erfüllt. Aktien bieten die mit Abstand größte Möglichkeit einer hohen Rendite bei langer Laufzeit und sind zudem jederzeit handelbar.

2.3   2. Beispiel eines Finanzanlagekonzeptes einer Privatperson

Im Folgenden wird ein fiktives Beispiel eines Anlegers beschrieben, zu dem anschließend ein Finanzanlagekonzept erstellt und erläutert wird.

Ausgangslage

Herr Meier ist 45 Jahre alt, verheiratet und hat keine Kinder. Er arbeitet als Abteilungsleiter in einem Industriebetrieb und verdient 4000,- EUR netto, seine Frau arbeitet Teilzeit in einem Steuerbüro und verdient 800,- EUR netto. Neben den Einkommen verfügt die Familie über 50.000,- EUR erspartes Vermögen auf einem Tagesgeldkonto. Die monatlichen Kosten betragen 3800,- EUR. Das Paar besitzt ein Eigenheim, welches in fünf Jahren abbezahlt sein wird. Sie wünschen sich eine höhere Verzinsung.

Vorschlag eines Finanzanlagekonzeptes

Für Familie Meier eignet sich eine wachstumsorientierte Geldanlage.
Der Großteil des Vermögens ist bereits im Eigenheim gebunden und in ein paar Jahren werden sich die monatlichen Kosten verringern, wenn das Darlehen abbezahlt ist. Bis dahin liegt ein Haushaltsüberschuss von 1000,- EUR vor zzgl. dem Ersparten Vermögen von 50.000,-EUR. Auch Familie Meier sollte etwa zwei bis drei Monatsgehälter als eiserne Reserve halten, demzufolge läge die Empfehlung hier bei circa 10.000,-EUR. Die 50.000,- EUR Kapital sollten sinnvoll auf mehrere Anlageklassen verteilt werden. Mit besonderer Berücksichtigung der Sachwertanlagen wäre sowohl ein Depot mit Einzelaktien als auch die Investition in einen Aktienfonds eine Alternative um die Rendite zu steigern. Daneben bietet sich als Fundament und Beimischung der Vermögensanlage eine Investition in einen schwankungsärmeren Immobilienfonds an, der stabile und bessere Renditen als die Anlage auf dem Tagesgeldkonto erwirtschaften kann. So kann

eine ausgeglichene Struktur entstehen. Dabei sollten etwa 10% der zu investierenden 40.000,-EUR in einen Immobilienfonds und der Rest in Aktien bzw. Aktienfonds fließen. Unterstützend kann auch hier ein monatlicher Sparplan dabei helfen, den Cost-Average-Effekt zu nutzen.

3. Teilaufgabe B3: Absicherung des Portfolios durch Finanzderivate

In der Folgenden Aufgabe wird die Begrifflichkeit der Finanzderivate erklärt, dabei werden zwei Instrumente näher erläutert. Anschließend wird eine Möglichkeit zur Absicherung eines Finanzportfolios durch Derivate vorgestellt.

3.1 Begriffsdefinition: Was sind Derivate?

Finanzderivate sind Rechte. Ihr Preis ist unmittelbar oder mittelbar vom Börsen- oder Marktpreis eines Basiswertes abhängig. Der Vertragsabschluss und dessen Erfüllung liegen dabei zeitlich auseinander. Beispiele für Derivate sind Optionen, Futures und Zertifikate.[63]

Ein Aktienkauf bedeutet ein Kassageschäft, bei dem die Erfüllung des Geschäftes sofort nach dem Verpflichtungsgeschäft erfolgt. Derivate oder auch Termingeschäfte genannt, werden mittelbar, also zu einem in der Zukunft liegenden Zeitpunkt erfüllt. Die Gründe in Derivate zu investieren sind vielfältig, so kann die Absicherung von Wertpapierdepots, Preisen, Kursen sowie die Spekulation auf fallende- oder steigende Kurse, aber auch das Ausnutzen von Preisunterschieden an verschiedenen Märkten im Fokus stehen.[64] Derivate bieten die Möglichkeit auf die Entwicklung verschiedener Basiswerte wie Aktien Rohstoffe, Anleihen usw. zu spekulieren. Neben spekulativen Derivaten gibt es auch sicherheitsorientierte Derivate, sodass auch hier verschiedene Risiken

---

[63] Vgl. Grill & Perczynski (2015), S. 319
[64] Vgl. Lindmayer & Dietz (2018), S. 231-232

eingegangen werden können. Derivate werden in Anbetracht des Volumens international weit mehr gehandelt als Aktien oder Anleihen.[65]

3.2 Zwei Beispiele für Finanzderivate

Optionen

Optionen bieten dem Inhaber das Recht, jedoch nicht die Verpflichtung, eine bestimmte Menge eines Basiswertes innerhalb eines definierten Zeitraumes oder Zeitpunktes zu einem festgelegten Preis zu kaufen oder zu verkaufen. Für dieses Recht zahlt der Erwerber dem Optionsverkäufer beim Abschluss eine Prämie. Das Optionsgeschäft wird in die Phase der Begründung des Optionsrecht und in die Phase der Ausübung des Optionsrechts unterschieden. Der Käufer hat dabei die alleinige Wahl das Recht in Anspruch zu nehmen. Entscheidet er sich für sein Recht, so muss der Verkäufer den Basiswert zum vereinbarten Preis liefern. Nimmt er sein Recht nicht in Anspruch, so verfällt es nach der Optionsfrist oder zum Fälligkeitstermin. Optionen können verschiedene Basiswerte wie Aktien, Indizes oder Devisen etc. zugrunde liegen.[66] Bei Optionen unterscheidet man zwischen Call (Kaufoption) und Put (Verkaufsoption). Der Käufer eines Calls (Long Call) hat also das Recht zu kaufen, der Verkäufer eines Calls (Short Call) hat die Pflicht zu verkaufen, wenn der Optionsinhaber sein recht einfordert, dafür bezahlt der Käufer die Optionsprämie an den Verkäufer. Der Käufer eines Puts (Long Put) hat das Recht zu verkaufen und erhält vom Käufer eine Optionsprämie. Der Verkäufer eines Puts (Short Put) hat die Pflicht zu kaufen, wenn der Verkäufer dies fordert, dafür erhält der Verkäufer die Optionsprämie vom Käufer.[67] Die Preise der Option verändern sich ständig und haben verschiedene Einflussfaktoren. Die Haupteinflussfaktoren sind der „Innere Wert", der Basispreis, die Laufzeit, die Volatilität und das Marktzinsniveau. Der „Innere Wert" beispielsweise beschreibt dabei die Differenz vom Kurs des Basiswertes zum Basispreis der Option. Es gilt für Calls demzufolge je höher der Kurs des Basiswertes, desto höher der Wert der Option und für Puts je niedriger der Kurs des Basiswertes, desto höher der Wert der Option.[68]

---

[65] Vgl. Scherbaum (2015), S. 90
[66] Vgl. Grill & Perczynski (2015), S. 325
[67] Vgl. Lindmayer & Dietz (2018), S. 232-233
[68] Vgl. Lindmayer & Dietz (2018), S. 233

Käufer und Verkäufer von Optionen haben unterschiedliche Chancen und Risiken. Der Käufer der Option hat ein begrenztes Verlustrisiko, da er keine Pflicht hat sein Recht in Anspruch zu nehmen und kann somit maximal den Geldeinsatz für den Erwerb der Option verlieren. Auf der anderen Seite hat er jedoch eine unbegrenzte Gewinnmöglichkeit, da der Preis des Basiswertes theoretisch ins unendliche steigen könnte. Der Verkäufer der Option hat ein begrenztes Gewinnpotenzial, denn verfällt das Optionsrecht des Käufers so vereinnahmt der die volle Höhe der Optionsprämie. Er hat jedoch ein unbegrenztes Verlustrisiko, denn er muss den Basiswert zum vereinbarten Preis liefern. Der Preis kann dabei theoretisch bis ins unendliche gestiegen sein.[69]

Futures

Futures sind wie Optionen Termingeschäfte. Sie geben dem Inhaber jedoch nicht das Recht den Basiswert zu einer bestimmten Menge, zu einem bestimmten Preis und zu einem bestimmten Zeitpunkt zu kaufen oder zu verkaufen, sondern sie verpflichten ihn dazu.[70] Im Bereich der Rohstoffe kommt es zur physischen Lieferung des Basiswertes wie z. B. Öl. Finanzterminkontrakte, welche sich auf Währungen, Zinsinstrumente oder auch Indizes beziehen können, werden in Geld ausgeglichen. Da bei Futures ein geringerer Einsatz von Kapital benötigt wird als beim Kauf des Basiswertes selbst, kann ein hoher Renditehebel wirken. Dieser Hebel kann sich jedoch auch negativ auswirken. Die Risiken finden sich also in der Verbindlichkeit des Geschäftes. Der maximale Verlust kann nicht eingegrenzt werden und um ein Vielfaches höher sein, als der ursprünglich eingesetzte Betrag. Daher sollte der Handel mit Futures nur mit ausreichenden Kenntnissen über das Finanzprodukt vollzogen werden.[71] Ein Future wird gekauft, wenn von steigenden Kursen/Preisen des Basiswertes ausgegangen wird. Man spricht dabei von einer Long Future Position. Verkauft wird ein Future dagegen, wenn von fallenden Kursen/Preisen des Basiswertes ausgegangen wird. Man spricht dann von einer Short Future Position.[72]

---

[69] Vgl. Lindmayer & Dietz (2018), S. 235
[70] Vgl. Grill & Perczynski (2015), S. 321
[71] Vgl. Lindmayer & Dietz (2018), S. 238-239
[72] Vgl. Grill & Perczynski (2015), S. 322

3.3 Absicherung eines Finanzportfolios gegen Marktrisiken mit Hilfe von Derivaten

Privatanleger können durch Derivate auch mit kleinen Beträgen in die Basiswerte verschiedener Aktien, Anleihen oder Indizes investieren, ohne dabei die Werte selbst kaufen zu müssen. Dies bietet ihnen die Möglichkeit besser an den Finanzmärkten zu partizipieren.[73] Außerdem lässt sich auch eine Absicherung des Depots erzielen. Unsystematische Risiken können durch Diversifikation abgeschwächt werden, systematische Risiken, also an die Marktentwicklung gekoppelte Risiken, können durch Derivate abgeschwächt werden. Während Portfolios ohne Absicherung an steigenden- und fallenden Kursen gleichermaßen partizipieren, können durch eine Absicherung steigende Kurse ausgenutzt werden und fallende Kurse genutzt werden um Verluste zu begrenzen.[74]

Um ein Wertpapierdepot abzusichern, ohne die enthaltenen Werte verkaufen zu müssen, kauft man eine Verkaufsoption auf diese Werte. Fällt der Aktienkurs, steigt der Wert der Option. Damit können die Buchverluste des Depots, durch die Gewinne der Option ausgeglichen werden.[75]

Im Folgenden ein konkretes Beispiel zur Absicherung eines Aktiendepots:
Klaus hat ein Depot im Wert von 50.000,- EUR, welches nach dem DAX-Index aufgebaut ist. Es wird davon ausgegangen, dass der Index derzeit bei 1000 Punkten steht und Klaus eine Absicherungsperiode von einem Jahr wünscht, er befürchtet fallende Kurse und möchte sich die 1000 Punkte sichern. Um das Depot nun durch Optionen abzusichern muss zunächst die Anzahl der benötigten Puts (Recht den Basiswert zu einem bestimmten Preis zu verkaufen) berechnet werden. Die Anzahl der benötigten Puts errechnen sich durch die Division des Portfoliowertes und des Basispreises. Für Klaus bedeutet dies, er benötigt 50 Puts (50.000:1.000=50). Es wird ein Preis von 4,-EUR pro Put unterstellt. Um das

---

[73] Vgl. Scherbaum (2015), S. 91
[74] Vgl. Schmidt (2016), S. 235
[75] Vgl. Schuster & Uskova (2015), S. 77

Depot für ein Jahr abzusichern muss Klaus 200,-EUR (50 Putsx4,-EUR) zzg. Transaktionskosten aufwenden.[76]

---

[76] Vgl. Schmidt (2016), S. 238

Literaturverzeichnis

Dommermuth, T., Hauer, M., & Nobis, F. (2012). *Geldanlage von A-Z (3. Auflage)*. Haufe Verlag.

Grill, H., & Perczynski, H. (2015). *Wirtschaftslehre des Kreditwesens (49. Auflage)*. Köln: Bildungsverlag EINS.

Hammer, T. (2017). *Geldanlage- Einfache Strategien für Ihre Finanzplanung*. Verbraucherzentrale.

Lamprecht, C. (2010). *Exchange Traded Funds (ETFs)- Darstellung, Analyse und Bewertung eines innovativen Finanzprodukts*. Hamburg: Diplomica Verlag GmbH.

Lindmayer, P., & Dietz, H.-U. (2018). *Geldanlage und Steuer 2018*. Wiesbaden: Springer Fachmedien Wiesbaden GmbH.

Pohl, D. (2009). *Sichere Geldanlage*. Freiburg: Rudolf Haufe Verlag.

Puls, A. (1997). *Besteuerung ausgewählter Kapitalanlagen im Privatvermögen*. Hamburg: Diplomica GmbH.

Reich, L. (2013). *Aktien und Steuern*. Bonn: epubli.

Schempf, T. (2016). *Private Vermögensanlagen und Asset Management (4. Auflage)*. Riedlingen: SRH Riedlingen Studienbrief.

Scherbaum, C. (2015). *So funktioniert Börse (2. Auflage)*. Freiburg: Haufe-Lexware GmbH & Co. KG.

Schmidt, G. (2016). *Persönliche Finanzplanung- Modelle und Methoden des Financial Planning (3. Auflage)*. Berlin-Heidelberg: Springer-Verlag.

Schulze, E., Stein, A., Tietgen, A., & Möller, S. (2015). *Immobilien als Geldanlage*. Freiburg/ München: Haufe- Lexware GmbH und Co. KG.

Schuster, T., & Uskova, M. (2015). *Finanzierung: Anleihen, Aktien, Optionen*. Berlin-Heidelberg: Springer-Verlag.

Wicke, J. (1997). *Individuelle Vermögensverwaltung für Privatkunden*. Wiesbaden: Springer Fachmedien.